BASES

D'UNE

CONSTITUTION

POLITIQUE.

BASES

D'UNE

CONSTITUTION

POLITIQUE,

OU

PRINCIPES FONDAMENTAUX

D'UN

SYSTÈME RÉPUBLICAIN.

PAR

D. RAMON CHAUDARO-Y-FABREGAS,

ESPAGNOL RÉFUGIÉ.

LIMOGES.

F. CHAPOULAUD, IMPRIMEUR.

1832.

AVERTISSEMENT DE L'AUTEUR.

J'ai balancé long-temps avant de me décider à mettre
au jour cet ouvrage : la gravité des principes qui y sont
développés m'a toujours fait regarder cette entreprise
comme au-dessus de mes forces. Poussé uniquement par
un sentiment patriotique, j'ai voulu soulever quelques
questions sur une matière aussi délicate afin de donner
lieu aux patriotes d'une capacité supérieure de les développer avec plus d'examen et de savoir. Ce fut mon
premier dessein lorsque j'y consacrai les tristes momens
d'un long et pénible séjour dans les prisons de France, où
les ministres de Charles X me faisaient expier mon patriotisme. La révolution de juillet est heureusement venue
briser mes fers : sans elle je serais encore à gémir sous leur
poids. Ma disgrâce ne put être qu'un stimulant de plus au
cours de mes idées : je conçus le projet de les rédiger, et de
les publier telles qu'elles sont ; mais plus d'une fois j'y
renonçai à l'aspect déplorable de l'animosité qu'un destin
fatal semble avoir inoculé dans le sang des émigrés espagnols contre tout esprit entreprenant et ennemi des abus.

Cependant, en considérant le prochain et probable
succès de l'expédition de don Pédro sur le Portugal, évé-
nement sur lequel se fonde l'espoir des libéraux espagnols ;
à la vue de la régénération des peuples d'Italie et d'Al-
lemagne, je sens se ranimer ma faible espérance vers
un prompt et salutaire dénouement, qui, trompant la
diplomatie européenne, rompra les chaînes qui, dans

cette belle et illustre partie du monde, tiennent deux
grands peuples attelés au char des tyrans. Je me décide
donc à encourir les criailleries de la médisance comme la
critique peut-être fondée des sages afin de pouvoir être
quelque peu utile à la cause de la liberté.

Je ne me vante point d'avoir découvert le talisman
qui doit mettre d'accord tous les politiques : les préoccupations et les exigences des partis donnent trop rarement
accès à une juste conviction. Les républicains auraient à
sacrifier, par exemple, certaines théories impraticables,
auxquelles j'ai dû renoncer avec peine ; les libéraux
modérés s'effraieraient sans doute à l'aspect de la souveraineté nationale mise en action ; les amphibies, ces
amis de tous les pouvoirs quels qu'ils soient, regarderaient
avec horreur un système dépourvu des attraits qu'ils trouvent à suivre les traces des vieillards de l'Apocalypse ; et
les royalistes (1)! oh! ces hommes ne peuvent être regardés ni comme un parti politique ni comme un parti
rationnel. Qu'est-ce en effet qu'un royaliste ? Un royaliste,
j'entends celui qui est de bonne foi, et non celui qui est
mu par l'intérêt, c'est un être qui, oubliant sa noble
origine, se condamne à une abnégation totale de lui-même ; proclame pour loi le caprice d'un autre homme que
peut-être il ne connaît pas ; met à la disposition de celui-
ci tous ses biens et ses facultés, et se fait l'esclave dévoué
d'un tyran en renonçant à sa propre volonté et à sa liberté
naturelle. Tel est le royaliste : à cette brillante description
je vois se soulever en masse les nombreux coryphées de

_____

(1) Ce mot *royaliste* est abusivement employé en France pour dési-
gner le libéral modéré attaché à la monarchie constitutionnelle : dans
son acception propre, et dans la pensée de l'auteur, il désigne l'*abso-
lutiste*.

ce parti, m'accusant de calomnie ; mais, s'ils me permettent d'élever la voix, je leur dirai : Réfléchissez ;
examinez votre conscience, et faites à vos sentimens l'application de chacun des attributs donnés au royaliste. Si
ces attributs ne sont pas conformes à vos sentimens, cher-
chez ailleurs la raison de vos idées, et vous la rencon-
trerez sans doute dans le culte honteux de la servilité et de
l'intérêt. Alors vous me direz si vous êtes vrais royalistes,
ou si le véritable royalisme peut être compatible avec l'usage
de la raison.

J'invite tous les hommes qui pensent à examiner mû-
rement les conséquences de chacun de mes principes, et
à prouver, s'il est possible, que l'exécution de ce projet
ne pourrait point correspondre à mes désirs. Ce serait le
moyen le plus sûr pour arriver à la découverte d'un autre
système plus avantageux ; découverte qui rendrait le plus
grand service à la cause de la liberté, et à laquelle je
m'estimerais heureux d'avoir contribué, avant surtout que
les peuples dignes d'être libres soient réduits, après une
révolution héroïque, à l'impuissance d'en éprouver les
bienfaits.

Les avantages auxquels peut aspirer une nation seraient
trop stériles s'ils se réduisaient à la possession d'une loi
fondamentale sans qu'un système de législation secondaire vînt se mettre en harmonie avec les principes de
la constitution. Convaincu de cette vérité, je ne me bornerai pas à poser les bases constitutives d'un gouvernement
libre ; je veux me livrer à l'examen des principes de la
législation secondaire, et j'espère publier successivement
le fruit de mes observations sur ce sujet si les circonstances politiques me le permettent. L'essai que je tente
aujourd'hui doit donc être considéré comme la base sur
laquelle repose tout mon édifice.

Le lecteur s'apercevra aisément que, préoccupé des
exigences et des besoins de ma patrie, j'ai peu songé à
examiner jusqu'à quel point mes principes pourraient
convenir à toute autre nation : qu'on ne s'étonne donc pas
de trouver dans cette brochure des combinaisons qui ne
sauraient être applicables à la France. Le désir de contribuer, par la discussion que je provoque, à jeter quelques
lumières sur les développemens ou conséquences du principe du gouvernement actuel, m'a seul engagé à mettre au
jour cet ouvrage en français en attendant que les circonstances me permettent de le publier en Espagne.

Quant à la traduction, je n'ai pu la confier qu'à moi-
même ; je voulais avant tout que ma pensée fût rendue
entière : je crois avoir atteint le but, plus d'une fois sans
doute aux dépens de l'élégance d'une langue que je con-
nais trop peu ; mais ceux qui daigneront lire cet ouvrage
s'attacheront, j'espère, plus aux principes qu'il contient
qu'à la correction du style : je me confie tout-à-fait à leur
indulgence.

BASES .

D'UNE

CONSTITUTION

POLITIQUE.

INTRODUCTION.

Après une longue et déplorable servitude, dans laquelle les hommes semblaient avoir pris à cœur de demeurer plongés, apparut le 18ᵉ siècle, auquel il fut donné de produire quelques-uns de ces sages qui, combattant l'ignorance et le fanatisme, révélèrent aux nations leur dignité et leurs droits naturels. Les lumières firent des progrès rapides; néanmoins les peuples cédaient encore à la force du despotisme politique et religieux lorsqu'enfin la puissance de l'opinion vint renverser un angle du fort orgueilleux élevé par la tyrannie. Ce joug secoué, le peuple proclama ses droits en procla-

1

mant les dogmes de *liberté* et d'*égalité ;* mais
ceux mêmes qui l'avaient éclairé, ces hommes
illustres, ne surent malheureusement pas lui en
seigner le moyen de conserver sa conquête. De
là fut confié à des mains inexpérimentées le dépôt
des dogmes politiques : il en advint la nécessité
de faire des essais dangereux pour établir un
système qui, à l'abri des attaques d'un pouvoir
tyrannique, eût aussi la force de résister à l'anarchie. Pour déterminer ce système on examina les
institutions des anciens peuples libres, et l'his-
toire démontra évidemment que les républiques
de la Grèce n'existèrent qu'autant qu'elles eurent
des chefs vertueux, parce que leurs fondateurs,
pleins de vertus et trop confians, n'avaient pas
prévu que d'autres après eux seraient capables de
conspirer, et par cela même avaient négligé d'établir une barrière contre les odieuses tentatives de
leurs successeurs.

Les Romains, mieux instruits par l'exemple,
opposèrent au pouvoir de leurs consuls celui des
tribuns du peuple; et cette institution, quoiqu'elle
ait causé de douloureux mais passagers désordres, contribua cependant au soutien de tant de
siècles de liberté et de gloire. Ce grand peuple,
une fois engagé dans la conquête du monde, vit
tous ses citoyens convertis en soldats, et corrom-
pus par la contagion trop naturelle aux armées,

substituer à l'amour sacré des libertés de la
patrie un attachement servile aux caprices et à
l'ambition des généraux. Ceux-ci, au retour de
leurs victoires, ne respectèrent plus l'ascendant
affaibli des tribuns du peuple, et Rome libre
tomba bientôt dans les fers au milieu des horreurs
de la guerre civile, soulevée par deux hommes
grands, mais ambitieux.

Une série d'événemens, peut-être déplorables,
réduisit la nation française à la nécessité de se
constituer : mais une triste expérience convain-
quit les patriotes de cette nation que de continuels et dangereux essais pourraient seuls, avec
le secours du temps, leur faire connaître les véritables bases sur lesquelles doit être élevé le
temple de la Liberté. Mais jusque là, jusqu'à
cette précieuse découverte, que de dangers avaient
à courir les libertés de la patrie! A combien d'é-
preuves allaient être soumises la vertu et la constance des patriotes! Une nation dont les institutions
faibles n'avaient d'autre appui que la valeur de
ses armées et la stupeur momentanée des nations
étrangères ne pouvait se soutenir que pendant
que ses troupes victorieuses étaient entretenues
hors de son territoire : à la première disgrâce
militaire, au premier désordre intestin qui exi-
gerait la rentrée des armées, la France devait
passer à leur merci, et tomber assujettie à l'arbi-

traire et à l'ambition du général le plus habile.
Ainsi Napoléon, connaissant l'inutilité des efforts
mal dirigés des patriotes, chercha à fixer en sa
faveur l'état incertain où flottait sa patrie : un
homme en qui se réunissaient l'adoration servile
du vulgaire et l'affection des patriotes ne pouvait
rencontrer que peu d'obstacles à la réalisation de
ses vues. Aussi le voyons-nous parvenir triom-
phant, et sans opposition sensible, au titre de
premier consul de la république, déjà maître
presque absolu de tous les pouvoirs de la nation.
La liberté nationale vint bientôt se perdre dans
la volonté de cet homme, qui conserva le titre de
premier consul jusqu'à ce que, sans changer
l'essence des choses, il fit une vaine substitution
de titres, convertissant le sien en celui d'empe-
reur, et celui des institutions prétendues libres
de l'état en CONSTITUTIONS DE L'EMPIRE. Cette institution, comme toute monarchie absolue, ne
pouvant faire la félicité d'un peuple que sous un
prince bon et parfait, je n'entreprendrai pas de
l'examiner.

La constitution de Cadix de l'an 1812, qui,
par l'effroi dont elle frappa les tyrans, semble encore nourrir l'espoir de plusieurs peuples, est celle
qui attirera le plus notre attention.

Cette constitution, qui a su si bien distinguer
les prérogatives du prince des droits du peuple;

qui, en accordant à l'un la force nécessaire pour
l'exécution des lois, laisse à l'autre la pleine liberté de les faire: qui place le pouvoir judiciaire
en position assez indépendante pour braver les
caprices des grands, et cesser d'être l'instrument
de tel ou tel parti; cette constitution enfin qui a
su rendre égaux devant la loi le duc, l'évêque et
le dernier plébéien, mérite sans doute indulgence
pour ses défauts, qu'on peut attribuer à l'époque
où elle fut décrétée. Les représentans de la nation
espagnole, enfermés dans l'enceinte étroite de
Cadix, environnés d'ennemis, sans autre espoir
d'appui que la fanatique ardeur du clergé et l'en-
thousiasme populaire en faveur de Ferdinand,
devaient accepter pour le moment toutes les er-
reurs qu'à l'avenir ils se promettaient de combat-
tre; ils ne balancèrent donc pas à transiger avec
le fanatisme et le despotisme en renonçant momentanément à la moitié de leurs droits, de leurs
libertés les plus sacrées.

Abstraction faite de cette pénible transaction,
ne voit-on pas une contradiction des plus ridicules
à proclamer solennellement d'un côté la liberté et
l'égalité de la nation espagnole, et de l'autre à la
forcer de renoncer formellement à la plus sacrée
de ses libertés en abdiquant le libre exercice de
ses idées et sentimens religieux, de ne suivre ni
tolérer d'autre religion que la CATHOLIQUE, APOS-

TOLIQUE et ROMAINE. Le clergé, continuant donc
d'exercer son influence despotique sur la partie
du peuple la moins éclairée, fit bientôt ostenta-
tion du prétendu droit qu'il assurait tenir de la
loi fondamentale sur la direction de toutes les
consciences; il voulut pénétrer dans les secrets
des familles, et, au moindre signe de résistance,
il en prit prétexte pour accuser de mauvaise foi
ces mêmes institutions en alarmant l'ignorance et
le fanatisme du peuple, qui, à la voix, aux plaintes
frénétiques des moines, voyait se fermer pour
toujours les portes du ciel, et s'ouvrir béantes
pour l'engloutir les bouches infernales de l'abîme.
Cette disposition législative, cet article qui con-
damnait pour un temps (1) les Espagnols à l'hy-
pocrite pratique de cérémonies auxquelles la plu-
part ne croyaient plus peut-être, fut sans doute
une des armes les plus funestes à la durée des
institutions et de la liberté que l'on proclamait.

Les représentans de la nation espagnole se
virent, je le répète, forcés de faire toute espèce
de concessions non-seulement au fanatisme, mais
encore au despotisme, moins par l'état d'igno-

(1) Un article transitoire de la constitution de Cadix
la soumettait à un nouvel examen, qui devait avoir lieu
après neuf ans. On présumait que, à cette époque, les
représentans de la nation, n'étant plus forcés de tempori-
ser avec le clergé, auraient proclamé la liberté des cultes.

rance dans lequel se trouvait le peuple que par le besoin de l'union intime qu'exigeaient des Espagnols les circonstances critiques d'une guerre nationale : ils eurent en conséquence à accepter l'institution d'un roi avec tous les attributs du trône, c'est-à-dire armé des moyens les plus efficaces pour saper et abattre la loi fondamentale de l'état. Le roi, constitué arbitre absolu de la paix et de la guerre ainsi que des traités d'alliance, ne pouvait-il pas, en vertu d'une convention secrète, et sous quelque prétexte, attirer une armée étrangère au sein de l'Espagne avec le véritable but d'anéantir la liberté nationale ? Ce moyen de faire la guerre aux libertés de la patrie lui était d'autant plus facile que le seul et faible obstacle qu'il eût à vaincre se trouvait dans la responsabilité du ministère : mais un ministre vendu aux caprices et aux trames de son maître devait peu reculer devant la menace d'une responsabilité qui ne pouvait être redoutable que dans le cas où, contre toute attente, ses machinations auraient manqué leur effet.

Le droit de nommer aux dignités et emplois produisait les mêmes conséquences. En élisant ministres des hommes servilement dévoués à ses caprices le roi pouvait facilement, avec leur intervention, sans compromettre même leur responsabilité, opérer un changement général d'employés,

et confier le commandement de la force ainsi que
d'autres hautes fonctions à des ennemis de la liberté. Le peuple et ses représentans eussent-ils
connu l'intrigue, quel moyen pour s'y opposer
leur signalait la loi? Dans ce conflit il ne se présentait d'autre alternative que celle de succomber
aux menées du tyran, ou d'enfreindre le pacte
fondamental en opposant une illégale résistance
aux autorités légitimement constituées : ainsi donc
cette faculté absolue du roi de nommer aux autorités et emplois sans aucune intervention de la
part du peuple n'est qu'un des mille moyens
dont un prince de mauvaise foi peut se servir pour
opprimer la nation.

Un autre des grands défauts de cette constitution est son système électoral. Tout Espagnol, de
quelque classe et condition qu'il fût, avait droit
de voter et d'être élu; ainsi ceux qui ne possé-
daient rien, qui vivaient d'un travail journalier,
se voyaient appelés à l'exercice de la plus importante et la plus délicate prérogative du citoyen.
Cette classe en retirait-elle un sort meilleur pour
qu'elle pût s'intéresser beaucoup aux libertés de
la nation? Son respect de la propriété devait-il
être bien grand? elle ne possédait rien! Il était
donc certain que ses votes appartiendraient à ceux
qui lui donneraient du travail, ou qui la gagne-
raient par la séduction. Le nombre de ceux qui

ne possèdent rien étant plus fort que celui des
propriétaires, les votes achetés devaient, dans la
même proportion, excéder les votes consciencieux. De là, si le triomphe de l'intrigue était
généralement le résultat des élections communales, que pouvait-on espérer des électeurs d'arrondissement (1)? C'étaient ceux-ci cependant qui
nommaient les électeurs de province, lesquels
avaient mission d'élire les vrais dépositaires des
droits et des destinées de la nation; et leur choix
pouvait tomber sur des citoyens qui ne présen-
taient aucune garantie. Un tel système électoral,
établi par la constitution espagnole, donnant donc
occasion à la vénalité des votes, était contraire à
la véritable liberté nationale, car il offrait aux in-
trigans les moyens de disposer du sort de la nation.

Tous ces vices de la constitution prouvent suffisamment que, loin d'être une œuvre parfaite,
elle était seulement l'un des différens essais que
les peuples ont en vain mis en pratique pour soutenir leurs droits.

(1) Il faut remarquer qu'en Espagne, suivant la constitution de Cadix, tous les citoyens d'une commune
nommaient un délégué pour concourir, au chef-lieu d'arrondissement, à la nomination d'un électeur de province,
et ces électeurs choisis par les arrondissemens se réunissaient au chef-lieu de la province, et faisaient l'élection
des députés aux cortès et de la députation provinciale

Il semble que la fatalité s'opiniâtre à envelop-
per l'humanité dans le voile ténébreux de l'ignorance, constamment déployé par la tyrannie et le
fanatisme! Tel qu'un jeune esclave qui, las et indi-
gné du joug cruel de son maître, brise ses fers,
s'échappe, court inexpérimenté et sans but, et,
méconnaissant le véritable usage de sa liberté, se
laisse facilement prendre aux piéges flatteurs d'un
perfide qui le charge de chaînes, et le traîne de
nouveau au marché: de même le peuple se sous-
trait violemment à ses oppresseurs sans connaître
les principes sur lesquels il doit fonder son existence politique, et il se trouve dans la nécessité
d'adopter un système défectueux, qui le ramène
ordinairement aux malheurs du despotisme. Quand
il est subjugué par la force, c'est le moment où il
peut écouter la voix de la raison: malheureusement celle-ci expire dans la bouche du publiciste,
sans cesse menacé par les tyrans: mais, si la puissance de ces derniers tombe anéantie, il embrasse
impétueusement sans délibération les premières
idées attrayantes qui se présentent à lui, et s'en
fait leur esclave. Ainsi, comme durant son exalta-
tion il ne possède jamais le discernement nécessaire, lorsque les hommes les plus éclairés sont
en pouvoir de l'instruire, il n'est plus en état de
les entendre. Il n'est qu'un moyen efficace d'ap-
prendre aux peuples à soutenir leurs droits, c'est

de profiter de leurs bonnes dispositions pendant qu'ils gémissent dans l'esclavage. Que les publicistes sachent affronter les foudres de la tyrannie pour bien pénétrer les nations des véritables bases qui doivent servir de fondement à l'indestructible temple de la liberté et de la raison.

De longues années de sang et de désolation précédèrent la tranquillité et la demi-félicité de l'Angleterre : des malheurs continuels et des désordres successifs affligent encore la malheureuse Amérique; et tout cela est causé par l'anarchie inhérente à toute révolution qui ne sait pas atteindre l'heureux but qu'elle s'est proposé dans le premier mouvement. Animé par l'héroïque exemple qu'a donné la France, le peuple, sur divers points de l'Europe, faisant de violens efforts pour secouer le joug du despotisme, il est présumable que celui-ci, malgré l'alliance politique des gouvernemens, disparaîtra bientôt de cette partie éclairée du monde. Mais cette tempête générale ne pourra-t-elle pas prendre la même direction qui désola l'Angleterre et les Amériques? Ne serait-ce pas bien mériter de l'humanité que de se dévouer à l'avance pour proposer aux peuples un système qui, marchant d'un pas prompt et certain vers l'issue désirée, abrégerait le passage des révolutions en évitant la plus grande partie des maux qui ordinairement les accompagnent?

Persuadé qu'une constitution est bien imparfaite si elle ne possède la force nécessaire pour résister légalement à toute sorte d'abus, j'ai examiné avec la plus grande attention quels étaient ceux qui pouvaient se présenter dans un gouvernement libre, et j'ai cherché à leur opposer des moyens efficaces. Mon intention n'est point de pousser les peuples à secouer le joug du despotisme : ceux qui sont dignes de la liberté n'ont pas besoin d'être excités à la conquérir. Je prétends encore moins me constituer législateur : pouvoir contribuer un peu à rendre moins durables et moins désastreux les effets de toute révolution inévitable : faire le premier pas dans l'investigation des bases fondamentales pour le maintien des droits du peuple, et engager les publicistes éclairés à finir et perfectionner cet ouvrage, voilà mon but, celui que je m'estimerais heureux d'atteindre.

Pour remplir ces vues salutaires il m'a paru à propos de tracer un projet de constitution, contenant seulement les bases d'un système qui, sans interrompre la marche ni l'action du pouvoir dans le bien, résistât, fort et invincible, contre les premiers élémens du mal. Mais, avant de passer à sa partie réglementaire, il est convenable d'examiner les principes sur lesquels il se fonde.

EXPOSÉ DES MOTIFS.

IDÉES GÉNÉRALES.

Si les hommes sont arrivés à se réunir en société, il est certain que ce n'a pas été pour renoncer à tous leurs droits, pour s'ensevelir dans l'esclavage, ou pour mettre leurs biens et leurs familles à la merci d'un maître: ils ont voulu garantir, par le sacrifice d'une faible partie, le reste de leurs intérêts et de leurs droits naturels contre l'agression du plus fort. Manquant des lumières et de l'expérience nécessaires pour *systématiser* l'administration des *gouvernans*, ils se contentèrent de leur imposer quelques dogmes généraux, qui furent consacrés comme lois ; mais, ne s'étant réservé aucune digue pour arrêter l'abus de l'autorité, dont le progrès ou la tendance naturelle se trouve en opposition avec les principes sociaux, ils virent bientôt substituer à leur droit public la volonté absolue d'un tyran, et s'ériger en système les distinctions et priviléges les plus odieux. Cette expérience funeste doit convaincre les sociétés qu'il ne leur suffit pas d'établir

seulement des principes généraux si elles n'y joi-
gnent une bonne organisation qui assure l'exécution de ces mêmes principes. Ainsi une constitution qui se bornerait à consacrer les dogmes de
liberté et d'égalité sans posséder les moyens de
balancer tous les pouvoirs de manière à ce que
chacun pût légalement recouvrer par lui-même les
prérogatives qui seraient usurpées sur lui (défaut
qu'on peut reprocher à presque toutes les lois
fondamentales connues jusqu'à ce jour) manque-
rait de la stabilité nécessaire au soutien, à l'indépendance, à la liberté et au bonheur d'un état.

Chaque citoyen dirige comme il lui plaît sa fortune particulière : personne n'a le droit d'inter-
venir dans ses opérations : ce principe est incon-
testable. Mais la fortune publique n'est autre que
la réunion des fortunes privées : si donc on
donne le droit de diriger et d'administrer la première au bon plaisir d'un homme sans mission, les
citoyens se verront attaqués dans leurs droits sur
leurs fortunes particulières. N'est-il pas naturel,
puisque cette fortune publique est la réunion des
fortunes privées, que la direction et l'administration en soient confiées aux mains de l'ensemble
des possesseurs ou de leurs délégués légitimes ?
Sans doute on prétendra tourner cet argument en
faveur du droit divin , faisant apparaître Dieu
comme possesseur universel, et ceux qui se disent

ses oints comme seuls délégués légitimes pour
l'administration de cette pauvre planète. Je ne
m'arrêterai pas à prouver le ridicule et l'inconsé-
quence de cette doctrine d'après les dogmes et
la pratique des religions qui prétendent l'appuyer;
je dirai seulement que ces maximes usées ont dis-
paru devant les lumières de ce siècle; tout au plus
arrive-t-on à croire à la donation universelle et
absolue du globe, dont le Créateur favorisa les
hommes sans se réserver autre chose que la possession de quelques ames que Satan paraît se
complaire à lui abandonner. Conséquemment ce
n'est pas sur les biens terrestres, mais sur ces
ames seules, que les délégués de Dieu peuvent
réclamer leurs droits.

Il résulte de tout cela que le droit de délégation
au gouvernement n'appartient qu'aux citoyens: il
n'est de légitimité que celle des délégués de la
nation : toute autre reste anéantie.

Le système républicain (1), bien organisé, est

(1) Les fausses applications qui ont été faites du nom de
république paraissent autoriser la préoccupation de grand
nombre de citoyens timorés, qui croient voir ce système
constamment suivi des désordres qui par malheur accompagnent une révolution.

Non, la république ne doit pas être confondue avec la
révolution : celle-ci est un instrument de destruction, celle-
là en est un de construction et d'ordre. Les ravages révolu-

l'unique qui puisse répondre aux véritables principes et intérêts de la société. Par lui la direction
et l'administration de la fortune et des droits de la
nation sont confiées aux propriétaires partiels de
cette fortune et de ces droits, ou à leurs délégués
électifs. Il est donc le seul qui se trouve circon-
scrit dans la légalité et la justice. En effet un système qui étendrait les droits sur la direction de la
fortune publique jusqu'aux individus qui ne pos-
séderaient aucune portion de celle-ci ne pourrait
être qu'illégal ; il serait également injuste le système qui placerait les affaires publiques exclusivement dans les mains d'un seul ou d'une classe
privilégiée de citoyens.

tionnaires sont inévitables toutes les fois que les élémens
du despotisme et les abus sont tellement enracinés dans
une nation qu'ils empêchent toute autre organisation de
système légal ; ainsi les destructions sont toujours propor-
tionnées à la résistance.

Les citoyens qui, pour recouvrer leurs droits, n'ont
d'autre recours que celui des armes, sont bien loin de mériter aucune sorte de blâme en adoptant ce moyen, l'unique pour rompre les chaînes qui les oppriment : ce sont
les obstinés possesseurs de priviléges, ce sont les satellites
du despotisme et de la tyrannie qui doivent être justement
regardés comme les fauteurs des désordres révolutionnai-
res, et partant seuls responsables de sa prolongation et de
ses excès.

DROIT PUBLIC.

La liberté d'une vie sauvage, telle qu'on pré-
sume qu'en jouissait l'homme dans son état pri-
mitif, est incompatible avec l'état social. L'homme,
en s'assujettissant à vivre en société, a renoncé à
tous les actes qui peuvent injustement préjudicier
à son ensemble; mais il n'a pu ni dû abandonner
les prérogatives qui ne s'opposent pas au bien-
être de tous. Rarement, il est vrai, les lois sont
conçues dans ce sens : triste mais inévitable conséquence d'un reste d'influence de despotisme et
des préoccupations qui ont régné constamment,
même sur les nations qui ont pu s'appeler libres.

Je ne m'appesantirai pas sur l'examen des abus
des législations existantes; je dirai seulement que
toute loi qui entrave, de quelque manière que ce
soit, les opérations d'un homme, sans que de ce
préjudice il résulte un bien immédiat pour la société, est abusive; que toute loi qui permet à l'autorité ou aux magistrats d'arrêter un homme sans
preuves positives d'un crime qui mérite peine cor-
porelle afflictive est tyrannique, et incompatible
avec un régime de liberté.

2

La liberté de parler, d'écrire et de penser doit
encore souffrir moins de restrictions, puisqu'elle
peut causer moins de maux que la liberté d'agir,
et qu'elle contient en elle-même le moyen de remé-
dier à presque tous les abus qu'il lui est possible
d'occasioner. Il est en outre une arme suffisamment
protectrice : cette arme est dans les lois si celles-
ci mettent chacun en position d'obtenir sans frais
toute juste réparation, et si elles protégent l'innocent calomnié.

La liberté religieuse, réduite à la pratique intérieure de certains dogmes et cérémonies, ne peut
porter préjudice à l'état; mais, si, par liberté
religieuse, nous devons entendre la faculté de
convertir les incrédules au moyen de missions,
d'instructions et de cérémonies publiques hors
des établissemens destinés au culte intérieur, ou,
pour mieux dire, les intrigues du prosélytisme, ce
sera une licence des plus abusives et des plus ty-
ranniques. Pour mettre cette liberté religieuse à
l'abri des abus il faut que les lois défendent toute
séduction, cérémonie, image et signe de religion
dans les lieux publics non spécialement destinés
au culte, ainsi que tout enseignement de dogmes
dans les établissemens nationaux d'instruction.

L'égalité devant la loi (non cette égalité des intérêts et propriétés objet des délires du vision-
naire) doit détruire toute sorte de priviléges et de

différences de classes dans l'application des lois, comme aussi dans la jouissance des bénéfices de la société. Si tous les hommes ont une égale part à ces bénéfices, s'ils sont également admissibles aux emplois, ils doivent avec raison participer tous aux charges et impositions, non en parties égales, mais proportionnellement à la partie de fortune publique que chacun possède, de manière à ce qu'une même somme de fortune soit grevée d'une même somme d'impôts.

DIVISION TERRITORIALE.

Un gouvernement vraiment libéral est celui qui fonde ses actes sur la volonté générale exprimée par l'opinion de la majorité des citoyens; mais, comme cette volonté générale pourrait être douteuse si l'on n'avait égard aux localités en particulier, si on ne les consultait soigneusement, il en résulte que, plus sera grande l'influence de celles-ci sur le total de la nation, plus on jouira d'une liberté parfaite; et, comme chacune des parties influera sur le tout d'autant plus que ce tout aura moins d'extension et d'importance, nous devons conclure que la jouissance de la liberté est en raison inverse de l'étendue de la nation. Ainsi il demeure aussi impossible d'exercer un despotisme absolu et tyrannique sur un petit district indépendant que d'obtenir une liberté parfaite dans une vaste nation.

Comme la liberté est la première prérogative des hommes, elle doit l'être aussi des peuples : c'est pourquoi nous devons préférer la division en petits états libres à leur accumulation en un seul. Une division semblable offrirait, il est vrai, l'inconvénient de laisser ces petits états réduits à l'impuissance de conserver leur dignité et l'indépendance nationale ; mais une centralisation de leurs forces respectives, au moyen d'une confédération bien organisée, les mettrait à même d'assurer et de faire respecter leurs droits en obviant à l'unique et puissante difficulté qui s'opposerait à la jouissance de cette liberté parfaite.

Suivant ces principes, chaque province (1) for-

(1) Je crois devoir m'abstenir de fixer l'extension de ces états provinciaux ; extension que peut-être on ne pourrait facilement appliquer à toute nation. Au surplus l'utilité de ce système ne se fonde pas exclusivement sur la division territoriale ; cette question doit être regardée comme secondaire. Pourtant il serait fort utile, à mon avis, que, par rapport à l'Espagne, on adoptât pour base d'extension d'une province la population de cinq cent mille âmes : alors la confédération se composerait de

merait un état indépendant quant aux affaires
intérieures qui n'auraient aucune relation et cor-
respondance avec les intérêts d'une autre province. Les hauts pouvoirs composeraient le centre
d'union et de force des différens états en dispo-
sant exclusivement de la force physique, et en
travaillant à enchaîner les intérêts de tous par une
sage législation générale. Les subdivisions en arrondissemens et cantons seraient absolument nécessaires pour faciliter les opérations électorales,
pour protéger une juste indépendance communale, et pour tenir exactement les autorités au cou-
rant des nécessités du pays.

ÉLECTIONS POPULAIRES ET CONSEILS
ÉLECTORAUX.

Le système électoral est la première base d'un
bon gouvernement populaire, dont en effet le
maintien dépend du résultat des élections.

L'opinion des législateurs se trouve divisée

vingt-cinq provinces environ, et les états généraux comp-
teraient soixante-cinq représentans.

entre l'élection directe et l'indirecte (1). Les uns
allèguent contre celle-ci qu'elle est peu populaire en ce qu'elle ne permet pas aux citoyens
d'user de leurs prérogatives, mais seulement de
les transmettre. Les autres combattent la directe
comme impraticable sans élire un nombre de représentans disproportionné à la population, ou
sans la vicier en surchargeant les électeurs peu
fortunés des frais d'un voyage, et en la compli-
quant par des difficultés toujours inhérentes à
toute réunion excessivement nombreuse. Ils la
regardent encore comme impossible sans tomber
dans l'un des deux excès, c'est-à-dire sans abandonner le résultat de l'élection à la populace, ou
sans établir une odieuse exclusion des classes les
moins imposées, et par là des priviléges incom-
patibles avec tout système populaire.

Il serait sans doute fort à désirer qu'on trouvât
un moyen pour obvier à ces trop puissans inconvéniens de l'élection directe; mais, les poli-

(1) Par *élection directe* on entend l'élection où les citoyens nomment d'une manière immédiate les députés
qui doivent directement les représenter dans les assemblées législatives; et, par *élection indirecte*, on comprend
celle où les citoyens nomment des délégués revêtus du
pouvoir d'élire les représentans de la nation, ou de transmettre seulement cette faculté, suivant les divers degrés
admis pour ce mode électoral.

tiques ne pouvant se flatter d'arriver à cette découverte, il paraît convenable de préférer l'élection indirecte, qui, loin d'être impopulaire, doit être regardée comme une émanation des principes de l'ordre social : en effet, si celui-ci impose aux citoyens le sacrifice d'une part de leur liberté et de leurs prérogatives en faveur du libre usage des droits qui leur restent, celle-là impose le sacrifice d'une partie nominale de l'élection en échange du bon ordre et de la régularité dans l'exercice de sa partie effective.

Ceux qui composent essentiellement le corps d'une nation sont les possesseurs d'une portion, grande ou petite, du total de ses richesses : ayant un intérêt direct à la prospérité nationale, dont la leur dépend, ils doivent seuls concourir à toutes les opérations qui constituent la stabilité ou les vicissitudes de cette prospérité et de l'ordre général. Cet antécédent une fois reconnu, demeurent de fait exclus du droit d'élection tous ceux qui n'ont pas un intérêt direct à son bon résultat, c'est-à-dire ceux dont la position leur fait regarder indifféremment le bien national, auquel ils ne participent qu'indirectement.

En conséquence de ces principes on établit le système des élections par la participation de tous les propriétaires, et des industriels qui contribueraient pour une somme de deux cents réaux de vellon (50 francs)(1). Les électeurs de canton étant élus, ils doivent se réunir dans leur chef-lieu respectif pour effectuer la nomination du corps électoral d'arrondissement (2), lequel est ensuite chargé de nommer un député pour l'assemblée provinciale, et reste permanent tout le temps de sa mission pour que les intérêts locaux ne soient pas un seul instant privés d'une droite administration et d'une défense immédiate.

Le mandat du représentant du peuple étant une charge civique, les suffrages doivent seulement tomber sur des citoyens qui puissent en supporter les frais afin que leurs caractères en soient d'autant plus indépendans ; et, comme ces fonctions, suivant leurs nature et circonstances, exigent plus ou moins de dépense de la part des mandataires, il devient nécessaire de fixer, au moyen du montant de leurs contributions, quelle doit être la fortune des éligibles.

(1) Tout propriétaire de biens immeubles, quelle que soit leur valeur, doit être admis à voter dans les élections communales, parce qu'il possède une partie de la fortune publique, qui est une des vraies garanties de son vote. Mais, comme on ne peut en dire autant des non propriétaires, dont les intérêts peuvent être facilement séparés de ceux de la nation, il est raisonnable qu'on exige d'eux une garantie plus forte dans un cens déterminé.

(2) On donne à ce corps le nom de conseil électoral.

Les employés inamovibles, comme intimement liés aux intérêts de la nation, doivent être réputés de droit électeurs ; les lois auraient à définir leur classification d'éligibilité.

Quant aux agens subalternes de l'administration, on ne saurait trop avoir de vigilance sur leur conduite, les abus qu'ils commettent étant ceux auxquels le peuple est le plus facilement exposé.

L'inspection sur tous leurs actes doit être exercée par les mandataires du peuple. Ainsi les conseils électoraux d'arrondissemens se trouvent naturellement revêtus de cette prérogative. Nous devons donc regarder ces conseils électoraux comme la colonne la plus solide des libertés et des intérêts de chaque localité, et comme le meilleur antidote aux maux d'une administration abusive et déloyale. En effet, par l'exercice de leur surveillance et d'une juste censure dans les dépendances de l'arrondissement, il advient que le tout, comme ses parties, est obligé de marcher avec rectitude. Enfin leur principale attribution consiste à élire leurs députés respectifs, qui doivent former l'assemblée provinciale. Ces élections, se faisant non collectives mais partielles, concilient l'égalité représentative des arrondissemens avec l'impossibilité de toute cabale dangereuse.

WWWWWWWWWWWWWWWWWWWWWWWWWWWWWW

ASSEMBLÉES ET SÉNATS DE PROVINCE.

En parlant de la division administrative du
territoire nous avons émis les principes sur lesquels se fonde ce système provincial ; conséquemment chaque province doit se constituer
comme une république indépendante, autant que
le permettent les intérêts généraux de la nation.
Nous devons seulement nous occuper à recher-
cher quelle est l'organisation intérieure la plus
parfaite pour le bon usage des prérogatives de
l'assemblée populaire et de tous les ressorts de
l'administration. Quant aux assemblées législatives, en ne sortant pas du cercle régulier que leur
a tracé l'expérience de tous les pays, il n'y aura
qu'à fixer leur renouvellement annuel par tiers :
cette mesure, en même temps qu'elle évite un
changement subit d'opinions dans le corps re-
présentatif, et souvent d'inopportunes variations
dans le système législatif, s'oppose aussi à toute
combinaison et tentative que le despotisme ou
l'anarchie, en rendant impossible une élection,
peuvent diriger contre l'existence de la représentation nationale.

Une nation libre n'existe, à proprement dire, que lorsqu'elle est réunie en corps au moyen de ses représentans : c'est alors qu'elle peut résister aux tentatives de ses ennemis. Une nation, pendant les intervalles de la puissance législative, est un pupille abandonné, à l'esclavage duquel le tuteur a le plus souvent intérêt. Ces vérités, plus connues des tyrans que des libéraux de bonne foi, doivent donc exciter à abréger, autant que possible, les intermittences de la législature. Que du moins, dans l'impossibilité d'une continuelle permanence de la représentation réunie, celle-ci n'ait à offrir qu'une légère absence aux despotes qui voudraient s'en prévaloir ! Il serait, dans le fait, fort utile d'établir la réunion des assemblées législatives deux fois par an.

L'utilité d'un pouvoir conservateur, intermédiaire entre les représentans du peuple et le pouvoir exécutif, qui, s'élevant invincible contre les usurpations de celui-ci, repousse en même temps les premiers pas de l'anarchie, est par trop reconnue pour qu'il soit nécessaire de s'arrêter à la démontrer. Il ne faudra point confondre avec ce pouvoir conservateur l'institution aristocratique de France et d'Angleterre. La France a sa chambre des pairs, nommée par le roi pour partager les travaux législatifs avec les députés du peuple, sans qu'elle ait néanmoins à participer en rien aux attributions du pouvoir exécutif. On peut regarder comme établie sur les mêmes bases la chambre des lords d'Angleterre. Il est essentiel aussi d'avertir que le hasard de la naissance (1) et l'esprit de parti, plutôt que le mérite, président aux promotions à la pairie: mais, comme l'intérêt se trouve uni avec le but de son institution anti-républicaine, les chambres dont nous parlons ne manquent jamais des propriétés nécessaires pour parvenir à un tel but.

Il n'en serait pas de même si l'institution de ces chambres, vraiment républicaine, était conservatrice et modératrice de tous les pouvoirs. Elles devraient participer aux attributions de chacun d'eux, se revêtir même de la dictature dans des cas graves et urgens: mais alors seraient bien insuffisantes des lumières et des vertus médiocres (qu'on ne peut encore toujours espérer du hasard de la naissance) pour servir de garantie contre les abus d'un pouvoir immense. Une élection rigoureuse, fondée sur des preuves incontestables de la volonté et de l'approbation générale, pourrait seule, en quelque sorte, assurer l'existence d'un

(1) Il est facile de voir que la loi des catégories n'était pas encore adoptée quand j'ai rédigé cet écrit ; au surplus j'ai cru devoir le publier tel qu'il était, persuadé que ce changement dans la constitution de la pairie changeait fort peu l'essence des choses.

corps constamment doué des qualités nécessaires
à un pouvoir modérateur.

Oui, un pouvoir qui examine et modère les
actes des assemblées populaires est indispensable
dans une nation libre. Celles-ci, souvent renouvelées
dans leur personnel, changent trop de fois le système législatif : il importe donc que ce pouvoir
existe pour s'opposer à toute substitution préma-
turée et précipitée qui tendrait à détruire, au
moyen de l'instabilité des lois, l'unique garantie
de l'ordre public; mais conviendrait-il de le confier au chef de l'état, qui pourrait se trouver ex-
cité à contrarier les intérêts nationaux? serait-il
aussi plus raisonnable d'en revêtir une corpora-
tion sujette à une élection défectueuse, et pouvant ainsi être l'expression d'opinions et d'intérêts
isolés? Non sans doute : ce pouvoir important ne
doit être dévolu qu'à un corps indépendant, dont
la fortune et l'existence dépendent de la stabilité
des lois et de la volonté générale.

Nous aurons maintenant à nous occuper des
moyens de perfectionner l'élection afin de réunir
les rares élémens qui doivent composer un corps
aussi distingué. Pour se pouvoir promettre un heureux résultat dans celle des sénateurs il paraît
convenable de la faire dépendre premièrement de
la conformité des votes des deux tiers de l'assemblée principale, ensuite de l'approbation de tous,

ou au moins de la majorité des conseils électoraux
de province, et, en cas de difficultés, on la sou-
mettrait à la sanction des états généraux. De cette
manière il ne peut exister d'élection qui ne soit
bien l'expression de la volonté générale. Une cabale se formerait-elle dans le sein de l'assemblée,
elle se trouverait détruite par la désapprobation
des conseils électoraux; et, à supposer que la
majorité de ceux-ci fût complice de l'intrigue, il
resterait encore un dernier recours dans l'opposition des états généraux. Si ce moyen ne rend pas
entièrement impossible toute élection défectueuse,
on peut certainement dire qu'il la rend fort dif-
ficile, et qu'il assure, en tous cas, un bon résultat dans la majeure partie des élections. Il est
donc permis d'espérer avec raison que le corps du
sénat serait le sanctuaire de la vertu et des lumières. Si, par malheur, il arrivait le contraire, il
faudrait en accuser une dépravation générale, qui
rendrait la nation indigne des bienfaits de la liberté, et lui mériterait les fers qu'elle-même se
forgerait par une telle conduite.

Quant aux qualités et conditions voulues pour
être sénateur, l'élection avant tout doit être libre
d'entraves et de limites : les vertus et les talens se
trouvent dans toutes les classes de la société; de
toutes les classes peuvent sortir de grands hommes. On doit procurer aux sénateurs une fortune

identifiée avec celle de l'état; il faut que, en sou-
tenant les lois fondamentales, ils aient à soutenir
leurs propres intérêts : une suffisante pension à
vie doit donc leur être assignée sur la constitution
même; alors peu importera que, avant leur pro-
motion, ils aient une fortune matérielle. La seule
restriction qui semble devoir être portée à l'élection du sénateur est la détermination de l'âge : trop
de fois les rayons brillans de vertu et du génie
d'un jeune homme de vingt ans font espérer des
qualités que dément sa conduite à quarante. Il
serait donc conséquent de fixer l'éligibilité à trente
ans, âge le moins avancé où les qualités morales
se trouvent régulièrement développées.

ÉTATS GÉNÉRAUX.

Les états généraux doivent se composer des
représentans de toutes les provinces; et, comme
chacune d'elles se trouve réunie en corps par son
assemblée provinciale, ses vrais représentans seront les élus, non directs des citoyens, mais des
corps provinciaux. Ce mode ne se fonde pas
seulement sur ce que les états généraux ont à représenter les provinces en corps, mais aussi sur

le système d'élection indirecte adopté dans ce plan.

Nous aurons peu de mots à dire quant à la formation et aux pouvoirs du congrès des représentans de province, auquel on donne le nom d'états généraux de la confédération. Réuni sur les mêmes bases que l'assemblée provinciale, il devra se borner aux fonctions d'une assemblée populaire législative.

Sans doute il arrive souvent, dans une vaste nation, que les intérêts matériels d'une province se trouvent en opposition avec ceux d'une autre. Il est certain que les lois intérieures qui régissent une province industrielle ne peuvent convenir à une province agricole : si on les abandonnait à elles-mêmes comme autant d'états indépendans, loin de concilier leurs intérêts mutuels, elles adopteraient chacune un système d'exclusion qui, concentrant dans l'isolement leurs richesses particulières, rendrait impraticable tout commerce et toute relation d'amitié réciproque. Pour éviter cet inconvénient les états généraux auraient expressément à examiner les lois adoptées par chacune des assemblées de province afin de désapprouver les mesures d'intérêt local en opposition à l'intérêt général, et pour concilier en même temps l'un et l'autre par des additions ou des réformes nécessaires. Cette prérogative, rigoureusement exercée et secondée par une sage législation générale, consoliderait la liberté de chaque province, et constituerait à la fois un centre d'union appuyé de tous les intérêts et de toutes les forces réciproques, et qui, détruisant tout germe d'anarchie, serait encore plus imposant vis-à-vis de l'étranger.

Il serait à désirer que les représentans de la nation pussent se consacrer au service de la patrie sans recevoir aucune rétribution ; mais on doit observer que, dans ce cas, il serait indispensable de réduire la sphère des éligibles à un petit nombre de citoyens opulens. Des contribuables de cinq cents réaux ne pourraient certainement pas supporter les frais considérables d'un voyage à la capitale, et y mener une existence convenable au caractère qu'exige une semblable mission. Il faut en outre convenir, d'après le témoignage de l'expérience, que les suffrages des électeurs retombent toujours sur un certain nombre de notabilités parlementaires sitôt que la renommée les a proclamées : il serait donc ridicule de récompenser le désintéressement et le dévouement par un tribut continuel de dépenses exorbitantes, tandis que les nullités patriotiques seraient les seules favorisées par l'exemption d'un fardeau, il est vrai, honorable. Ces motifs semblent assez puissans pour faire accorder à chaque mandataire une gratification annuelle, capable seulement de compenser ses onéreuses dépenses.

3

SÉNAT GÉNÉRAL.

Nous avons abordé les questions générales re-
latives à l'élection de tout sénat comme corps modérateur et conservateur, mais sans examiner la
différence des attributions entre le sénat général
et les sénats provinciaux. Ceux-ci doivent se borner à exercer, sur les actes de leurs assemblées
représentatives, leur pouvoir modérateur, qui
n'est autre que consultatif en ce que ces actes ne
sont définitifs qu'après la sanction des états et du
sénat général. Participant au pouvoir exécutif,
ils s'en arment dans des circonstances extraordinaires, mais seulement dans les étroites limites
d'une province; il n'en peut donc naître aucun
fait préjudiciable qui se fasse jamais ressentir dans
toute la nation.

Le sénat général au contraire intervient définitivement dans tous les actes des sénats provinciaux, et exerce sur les autres pouvoirs autant de
prérogatives qu'il est nécessaire à chacun d'eux
pour se contrôler mutuellement, c'est-à-dire qu'il
réunit les attributions de tous dans les circonstances extraordinaires. Ainsi l'acte le moins im-

portant du sénat général pourrait produire des conséquences sensibles et irrémédiables sur tous les points de l'état.

Quelques personnes jugeront peut-être excessives les prérogatives du sénat général; il est pourtant nécessaire que, suivant les circonstances, elles se trouvent dans les mains de l'un des pouvoirs. Sont-elles, par exemple, entre les mains du pouvoir exécutif quand il s'oppose aux droits de la nation, voilà le despotisme; au contraire le peuple en est-il armé quand il secoue le joug de ses tyrans, ou qu'il est forcé d'enfreindre la loi pour faire rentrer le gouvernement dans la voie légale, voilà la révolution.... Comment éviter ces deux abîmes? Ou l'on sera violemment entraîné dans l'un des deux, ou il faudra créer un autre corps intermédiaire, qui, assez puissant pour comprimer les écarts de tous les pouvoirs, ne puisse néanmoins absorber et s'approprier à toujours leurs attributions.

En reconnaissant qu'une puissance dictatoriale se trouve toujours dans les mains du plus fort; que, lorsque la marche du gouvernement s'oppose aux intérêts et à l'opinion du peuple, cette puissance doit être usurpée par l'un des deux, on devient bien convaincu de l'utilité d'un sénat général ayant l'autorité nécessaire pour forcer les autres pouvoirs à suivre constamment la voie légale.

POUVOIR EXÉCUTIF.

L'élection du chef de l'état est de la plus grande importance dans une nation demi-libre, dont les lois fondamentales ne se suffisent pas à elles-mêmes ; car, les destinées du pays se trouvant presque toujours dans les mains du pouvoir exécutif, rien ne peut résister à l'impulsion que le chef donne aux affaires ; et, par là même, le mal qu'il fait est irréparable. Il n'en est pas ainsi dans une nation bien constituée, dont le pouvoir exécutif, sans influence importante sur la rédaction des lois, se borne à les faire exécuter. Alors l'élection du chef de l'état n'est pas du plus grand intérêt, puisque, forcé de suivre en tout point la marche tracée par les hauts pouvoirs législatifs, sa volonté particulière ne saurait être d'une grande influence dans la direction du gouvernement (1). Mais il est

(1) Il est vrai que, dans une nation bien constituée, la question d'hérédité ou d'éligibilité concernant le chef de l'état doit être regardée comme secondaire. Je ne prétends pas déprécier les avantages qu'offre le principe électif, surtout d'après les modes et restrictions que je propose : ces avantages sont trop grands pour être sacrifiés à une coupable déférence à l'ambition d'un homme ;

essentiel, m'observera-t-on, de donner au chef
de l'état le droit de déclarer la guerre, et de faire
les traités de paix, d'alliance et de commerce; car,
si ce pouvoir lui manque, la sûreté de la nation
sera souvent compromise! Telle a été l'opinion
des législateurs français, et telle serait la mienne
à l'égard d'un pays qui se verrait dans la nécessité d'adopter les bases d'organisation politique
de la France. Il n'y a pas de doute que le pouvoir exécutif ne puisse se trouver dans le cas
précis d'avoir à défendre le territoire national,
d'être même forcé à prendre l'offensive pour
défendre l'honneur et les intérêts de la nation,
sans qu'il lui soit possible, à cause de l'urgence
des préparatifs ou de l'importance du secret dans
les premières opérations, de demander le con-

mais telle peut être la situation intérieure d'une nation,
tels sont quelquefois les liens qui unissent les intérêts d'un
peuple à ceux d'une famille, que celui-ci ne doit pas
balancer à se rendre au sacrifice de ces avantages. Le
Portugal va nous en offrir un puissant exemple : les droits de
ce peuple et les intérêts de la maison de Bragance sont si
étroitement unis que le triomphe de l'un est impossible
sans le secours de l'autre. Ce serait un acte de perfidie
que de chercher à rompre des liens aussi sacrés.... Il m'a
paru utile de faire cette remarque pour prouver que le
principe héréditaire du chef de l'état, substitué au principe
électif, ne détruirait aucune des garanties qu'offre cette
organisation républicaine.

sentement de la représentation nationale; mais, dans une nation où il existe un corps permanent qui possède toute la confiance du peuple; qui n'a rien à craindre ni à espérer du pouvoir exécutif, tous ces inconvéniens disparaissent, et le chef de l'état ne se trouve jamais forcé de prendre sur sa propre responsabilité de semblables mesures sans consulter ce corps permanent que nous avons appelé sénat général.

Le chef de l'état exercerait une influence exclusive sur la marche générale des affaires si à son inviolabilité il unissait la faculté de nommer sans restriction ses ministres : car, en s'opiniâtrant dans les détours d'une politique obscure, il saurait éloigner des hauts emplois les fonctionnaires consciencieux pour confier le sort de la nation à des hommes mercenaires, qui, dans leur espoir avide de prolonger la durée d'un traitement considérable, seul lien qui pût les attacher servilement aux volontés d'un maître, trouveraient le moyen de se jouer d'une responsabilité éphémère (1). Si de tels hommes existent, le chef qui

(1) Cette responsabilité est bien plus illusoire lorsqu'un roi réunit à son inviolabilité et à la faculté de nommer sans restriction ses ministres la prérogative de faire grâce et de commuer les peines. Qu'on se figure un club de conspirateurs dont le chef s'écrie : « Courage, amis! vous êtes » invulnérables ; point de châtiment pour vous si nous ne

aspire à la tyrannie les rencontrera facilement
pour cimenter son despotisme. L'inviolabilité serait, entre les mains d'un mauvais roi, l'arme la
plus puissante contre les libertés publiques. On
objectera peut-être que, en soumettant à l'approbation d'un sénat tous les actes du pouvoir exécutif, les tentatives despotiques du chef de ce
pouvoir viendraient échouer devant la justice de
ce corps ; mais il faudra observer aussi que la fer-
meté et la justice du sénat échoueraient constamment contre la ténacité d'un chef inviolable : par
conséquent tout gouvernement serait impossible
avec un tel système.

Si on enlève au chef de l'état ces facultés
monstrueuses, tout en lui laissant les prérogatives
nécessaires pour la stricte exécution des lois, sa
volonté particulière ne pourra que fort peu influer
sur la marche générale des affaires, et son élection ne sera jamais d'une plus grande importance
que celle d'un sénateur.

» réussissons pas. Confiez-vous à mon inviolabilité, et à la
» faculté que j'ai de vous arracher aux mains du bourreau. »
Telle est l'idée qu'on peut se faire d'un conseil de ministres sous les ordres d'un tyran investi de pouvoirs aussi
monstrueux. Il est certain que, si Charles X eût été aussi
inviolable que le lui promettait la constitution, il n'eût
pas négligé d'user amplement de l'art. 67 en faveur de ses
ministres.

On devra surtout s'attacher à ce que l'élection
ne tombe pas sur un homme qui, étant l'idole
d'un parti imposant, puisse abuser de la force
physique de ce parti et de la confiance générale
pour introniser le despotisme, et détruire par la
violence l'organisation fondamentale de l'état. Le
moyen le plus sûr d'éloigner un pareil danger sera
de choisir le président de la république parmi les
membres du sénat général, attendu que leur élection n'aura été que le fruit d'une longue et mûre
délibération du pays.

Mais appartiendra-t-il à ce même sénat ou aux
états généraux d'élire le président de la république? Pour décider cette question il sera nécessaire d'observer que le corps électeur contracte
naturellement avec le citoyen élu une obligation
tacite qui l'entraîne en quelque sorte à l'adoption
indélibérée du système et des vues de celui-ci. Le
sénat étant un corps permanent et inamovible, une
coalition entre lui et le pouvoir exécutif pourrait
être durable et dangereuse, tandis qu'elle serait
de toute impossibilité avec les états généraux, dont
le renouvellement aurait lieu par tiers chaque année. C'est donc à cette assemblée représentative
qu'il sera nécessaire de conférer le droit de nommer le chef de l'état. Cette élection sera en outre
considérée comme une véritable récompense
civique accordée par la patrie à la vertu, aux lu-

mières et à la constance patriotique de l'élu, et
servira de stimulant à la persévérance des sénateurs
dans la voie des intérêts populaires. Il est alors
certain que, si l'on peut rencontrer quelques difficultés, s'exposer même à quelques inconvéniens,
en confiant au sénat l'élection du président de la
république, on trouve seulement facilité et avantages à revêtir les états généraux de cette prérogative.

Admettrait-on qu'un parti nombreux pourrait
dominer momentanément dans les corps secondaires, même au sein des états généraux, de manière à se trouver en position d'élever son idole
à la haute dignité de sénateur général pour l'élire
immédiatement président de la république ? Sans
examiner le degré de possibilité de ces événemens,
et acceptant pour vaincues toutes les difficultés
qui s'y opposent, je m'occuperai seulement à prévenir un tel résultat par un moyen aussi facile
qu'efficace. Ce moyen en effet consisterait à établir
que, pour être nommé président, il faut avoir
exercé pendant trois ans les fonctions de sénateur
général, en sorte que les mêmes états généraux
qui auraient élu un citoyen pour le sénat ne pourraient élever ce même citoyen à la présidence de
la république.

Quant à l'organisation du ministère, ce qui
doit essentiellement occuper l'attention, c'est la

responsabilité ministérielle : vain mot jusqu'à ce
jour chez toutes les nations libres , il serait bien
temps qu'il devînt une réalité. Pour y parvenir il
ne faut pas donner le droit d'accusation exclusivement aux députés du peuple. Quand l'attentat d'un
ministre cause un préjudice général, la représentation nationale prend ordinairement la peine
d'intenter une accusation ; mais, lorsque cet
attentat ne préjudicie qu'à un particulier, celui-ci
se voit réduit à soupirer, et à succomber dans sa
disgrâce. Si ses plaintes étaient admises par un
tribunal compétent, les ministres se renferme-
raient davantage dans l'esprit de la loi, et les citoyens auraient moins de vexations à déplorer.

La responsabilité spéciale des ministres ne s'oppose en rien à la responsabilité générale du président de la république ; mais il faut établir une
différence dans l'application de ces responsabi-
lités. La dignité de la nation paraît exiger que son
premier chef soit au-dessus des débats particuliers
qui peuvent intéresser certains individus afin qu'il
puisse se dévouer exclusivement aux affaires qui
intéressent toute la nation : par conséquent ce n'est
que relativement à ces affaires qu'il peut encourir la
responsabilité : tandis que la spécialité des fonctions de détail de chaque ministre les rend rigoureusement responsables, non-seulement devant
la nation en général, mais encore devant chaque

citoyen en particulier. De là vient la différence des
accusateurs : qui que ce soit peut être celui d'un
ministre; et la nation seule, au moyen de ses représentans, a le droit de mettre en accusation le
chef de l'état.

Le conseil d'état serait divisé en sections com-
posant les conseils particuliers de chaque ministre;
et cette institution, en même temps qu'elle garantit
le pouvoir de toute surprise, contribue à assurer
l'heureux succès des actes ministériels d'autant
plus qu'elle en rend les abus moins excusables.

ORDRE JUDICIAIRE.

L'ordre judiciaire est celui qui peut le plus
impunément attenter à la liberté individuelle,
puisqu'il n'existe pas de lois capables de réprimer
l'abus de son pouvoir important.

Un gouvernement n'est jamais dépourvu des
moyens nécessaires pour masquer sous les formes
de la légalité une vexation ou une injustice. Qu'il
lui plaise, par exemple, de faire arrêter un
citoyen (1); qu'il donne un ordre aux agens de

(1) J'ai été moi-même, en février 1830, la victime

l'autorité judiciaire, il ne manquera pas d'un accusateur public empressé à requérir le juge pour l'expédition du mandat d'amener ? Quel sera

d'un arbitraire ministériel qui devait plus tard, et sans la révolution de juillet, me livrer au bourreau espagnol.

Le ministre de la justice donna au procureur du roi de Prades (Pyrénées-Orientales) l'ordre de lancer contre moi un mandat d'amener. En vertu de ce mandat je fus arrêté à Marseille, et conduit, avec toutes les souffrances imaginables, de prison en prison, jusqu'à celle de Prades. Les embarras dans lesquels devait se trouver le gouvernement pour faire juger un innocent s'expliquent facilement d'eux-mêmes par les retards qui eurent lieu dans le cours de l'instruction, puisque, six mois après mon arrestation, c'est-à-dire le 8 août, jour qui me vit sortir de prison par la seule volonté du peuple, la chambre du conseil n'avait pas encore statué sur la mise en accusation.

Les jurisconsultes français donneront sans doute tout le tort de cette vexation à M. le procureur du roi; mais ils ne savent pas comme moi que, quand même ce vertueux magistrat aurait joui de tout le pouvoir, de toute la liberté dont devraient être revêtus les magistrats d'un peuple libre, il n'aurait pas pu empêcher les effets des ordres supérieurs, qui prescrivaient souvent l'envoi des pièces de manière que la procédure passât plus de temps à Paris, à Montpellier et en route qu'au pouvoir du juge d'instruction.

Un autre argument détruira sans doute tout soupçon sur M. Lacroix, alors procureur du roi de Prades; il est fondé sur les beaux sentimens qui le caractérisent, et je dois lui rendre ici cet hommage public. M. Lacroix, voyant

l'agent responsable de cet attentat? Le gouvernement prétendra n'avoir fourni que quelques renseignemens qui faisaient soupçonner le citoyen;
l'accusateur public amovible dira qu'il était de son
devoir de requérir l'arrestation de celui qu'on lui
présentait comme coupable, et le tribunal, après
une longue instruction, rendra justice en mettant l'accusé en liberté. Mais cette malheureuse
victime de la légalité des formes aura passé quelques mois dans la prison sans pouvoir même
réclamer contre personne! Voici ce qui arrivera
pendant que les lois ne renfermeront pas dans

qu'il n'était pas en son pouvoir de m'arracher au malheur, tacha de l'adoucir par tous les moyens que peut sug-
gérer une véritable amitié. Il me visita souvent ; il fit qu'on
me traitât avec toute sorte d'égards et de respect ; c'est à
lui que je dus la faculté de voir mon épouse et mes amis
à tout moment et sans restriction. Que ne pourrais-je pas
dire de la générosité et de la protection de ce bon magistrat! meubles, linge, service de table, argent, tout ce
dont l'homme privé pouvait disposer fut mis à la disposition de ma famille ; il allait toujours au-devant de mes
besoins et même de mes désirs. Si une prison pouvait,
dans aucun cas, devenir une demeure agréable, sans doute
celle de Prades le serait devenue pour moi par les soins de
M. Lacroix : ils furent tels que l'injustice qui pesait sur
moi me fut plus supportable qu'à lui-même la nécessité d'en
être un innocent instrument.

M. Lacroix a été destitué au mois d'août 1830.

un cercle rigoureux les pouvoirs de l'ordre judiciaire, et n'établiront pas une sévère responsabilité contre ses abus. Jamais les lois ne devraient
permettre que le juge statuât arbitrairement sur
une question; en leur absence il doit être muet,
puisque ce n'est pas lui, mais la loi seule qui doit
parler. Elles ne rétréciront jamais assez le cercle
dans lequel peut avoir lieu une arrestation : pour
cela il ne doit pas suffire qu'il existe une prévention : il faut qu'elle soit fondée et appuyée sur
tous les renseignemens que la justice est en position d'acquérir en secret. Il faut encore que le
crime en prévention emporte une peine plus
grande que celle du bannissement perpétuel,
c'est-à-dire que celle que le coupable s'impose-
rait volontairement par l'émigration (1). L'étendue

(1) L'arbitraire qui, sur quelques points, a voulu s'introniser au moyen des arrestations préventives, a soulevé
une question, la plus importante peut-être que le droit puisse
présenter : c'est de savoir quel moyen, en l'absence des lois
qui doivent garantir la liberté individuelle, les citoyens
peuvent employer pour résister à un réquisitoire illégal, qui
peut, pour plusieurs mois, les plonger dans les cachots.

Personne ne mettra en doute que, quand un peuple se
voit tomber dans l'esclavage sans que les lois lui offrent
un moyen immédiat de repousser la tyrannie, ce peuple
n'ait le droit et ne doive même prendre les armes pour
défendre sa liberté et son indépendance. Une révolution est

de cette matière me force à m'en écarter dans ce
projet, où je me bornerai aux principes fonda-
mentaux de l'organisation judiciaire.

vraiment déplorable; mais, parce qu'une révolution entraîne quelques maux, devra-t-on lui préférer l'esclavage?
Non sans doute. Nous ne voulons ni l'un ni l'autre, diront
ces mêmes hommes timorés qui, à la seule idée de révolution et de résistance, voudraient être à un siècle de distance des glorieuses journées de juillet. Mais, si vous ne
voulez ni l'un ni l'autre, faites que le peuple rencontre
dans les lois la garantie de sa liberté et de son indépendance; faites que celles-ci accordent au peuple un moyen
puissant, tout autre que celui d'une révolution, pour
résister aux machinations des despotes, et vous n'aurez à
craindre ni l'esclavage ni la révolution.

Ce besoin de garanties se fait encore plus sentir en faveur
du simple citoyen. Si celui-ci ne rencontre pas dans les lois
une arme puissante qui le protége, non pour sortir de la
prison où il a gémi quelques mois (puisqu'alors le mal est
fait), mais afin d'empêcher qu'on ne l'arrache illégalement
du sein de sa famille pour être plongé dans un cachot,
quel sera son recours? Eh quoi! les lois qui permettent
la résistance à main armée contre les voleurs de grand
chemin, et même contre les ennemis personnels, ne la
permettront pas contre les attentats d'un fonctionnaire
qui abusera de son autorité pour plonger dans la désolation, et peut-être dans la misère, toute une famille!
Non : ce n'est pas moi qui me ferai le partisan de cette
résistance, qui entraînerait autant de maux que la même
injustice; mais il faut éviter l'une et l'autre. Si on ne veut
donc ni injustice ni résistance, il faut que les citoyens

Le droit naturel signale deux sortes de procès ou causes : celles où la question repose sur les personnes, c'est-à-dire sur leurs actes illégaux, et celles où l'on traite seulement des choses, c'est-à-dire de leur possession et de leur propriété. Celles-ci s'appellent causes civiles, et celles-là sont connues sous la dénomination générale de causes criminelles. Les législateurs modernes ont séparé de ces dernières la partie moins grave sous le nom de causes correctionnelles, et, pour chacune de ces deux divisions, on a créé, dans quelques pays, un ordre distinct de tribunaux. Il n'en est pas de même en Angleterre : les législateurs de cette nation ont su concevoir que, si les causes civiles exigent naturellement d'autres juges que les causes criminelles, toute question touchant les actes des personnes devait être décidée par une même classe de juges. Les tribunaux correctionnels ne peuvent en effet différer des tribunaux criminels que par le cours de l'instruction.

Dans une cause correctionnelle ou criminelle l'honneur, la liberté et même la vie des citoyens

trouvent la garantie de leur liberté individuelle dans les lois ; il faut que celles-ci accordent expressément au citoyen un moyen puissant, tout autre que celui de la résistance, et alors on n'aura à craindre ni injustice ni résistance.

sont souvent compromis : objets trop intéressans pour les confier à la seule garantie de la justice et de l'impartialité d'hommes salariés! Au surplus les qualités constitutives d'un crime ou délit sont aussi connues de l'homme des champs que de l'homme lettré. Il n'en est pas ainsi du droit de propriété et du droit de possession, qui, fondés peut-être sur des textes de lois anciennes, ou de conditions spéciales de contrat, exigent, pour la solution des questions qu'ils présentent, la pénétration profonde de savans jurisconsultes. Ces raisons puissantes paraissent réclamer la double institution de juges inamovibles pour juger les causes civiles, et de jurés pour décider les causes correctionnelles et criminelles.

Il serait aussi à désirer que l'action du jury s'étendît jusqu'à la mise en accusation. Celle-ci est un acte important qui sanctionne régulièrement l'arrestation du prévenu durant l'information trop longue de l'instruction ; de sorte que toute décision de *il y a lieu* doit être regardée d'elle-même comme une sentence préventive, fondée seulement sur un soupçon, et dont les conséquences contre un innocent sont beaucoup plus préjudiciables qu'une rigoureuse sentence correctionnelle contre un vrai coupable. Les particularités de détail dans l'organisation judiciaire étant consignées dans la partie réglementaire, et

4

devant être développées dans des codes d'instruction, nous ne fixerons pas davantage notre attention sur ce sujet.

ORGANISATION MILITAIRE.

Dans les nations libres tous les citoyens doivent
être autant de soldats prompts à défendre la patrie ; mais leurs services militaires doivent être
aussi différens que l'est leur position sociale.

La loi militaire, obligeant le soldat à l'obéis-
sance passive, le constitue un terrible instrument
du gouvernement exécutif. Comme celui-ci est
ordinairement le foyer des intrigues de l'absolu-
tisme, celui-là se trouve souvent dans la cruelle
alternative de servir les ennemis de sa patrie, ou
de manquer ouvertement à la loi, unique règle de
son devoir et de ses services. Cette raison a
décidé les nations libres qui ont su connaître leur
vraie position à diminuer autant que possible leurs
armées permanentes ; mais elles ne sont pas encore
parvenues à remplir ce vide par un autre moyen
moins nuisible. En effet, pour y suppléer, elles
ont institué des gardes nationales, qui, quoique

commandées par des officiers à la nomination
desquels le gouvernement ne prend qu'une légère
part, ne laissent pas d'être à l'absolue disposition
du ministère; et, si le ministre ne peut endormir
le patriotisme de ces milices, il a le pouvoir,
quand il lui plaît, de neutraliser leurs efforts et
leur désintéressement, unique garantie des libertés publiques.

Pour éviter cet inconvénient le meilleur moyen
qui se présente consiste à diviser la force de la
nation en trois classes : 1° l'armée permanente : elle
doit être peu nombreuse, et soumise aux ordres
de l'autorité militaire, comme instrument du gouvernement exécutif; 2° la milice urbaine, composée de tous les citoyens que leur position rend
intimement intéressés au soutien des lois et de
l'ordre public : cette milice, gage le plus sûr de
la tranquillité générale, qui ne doit reconnaître de
chef supérieur que dans l'autorité populaire locale, se trouverait toujours armée et prête à
étouffer dès son principe toute sorte d'attentats;
3° la milice mobile ou provinciale, composée de
tous les individus propres au service, qui, ne
faisant pas partie active de l'armée permanente,
seraient exclus par leur position sociale de la garde
urbaine : cette classe de la société, sans doute la
moins intéressée au soutien de l'ordre public,
serait néanmoins destinée à rendre de grands ser-

vices à la patrie dans tous les cas d'urgence. Organisée et équipée comme l'armée permanente, en même temps qu'elle pourrait continuer ses travaux habituels pour fournir à sa subsistance, elle se trouverait toujours prête à entreprendre la marche pour se réunir à l'armée. Ce système, en un mot, confie la sécurité intérieure de l'état aux citoyens qui ont des intérêts à conserver, et la défense extérieure à toute la force physique et matérielle de la nation.

Comme les ennemis de l'état pourraient se servir des forces d'une armée même peu nombreuse pour entraver la marche politique des autorités et assemblées représentatives, ou bien exciter contre l'ordre public la tendance naturelle de la populace armée, il serait utile d'empêcher l'armée permanente de résider dans les lieux où se tiendraient les assemblées des représentans du peuple, et de prohiber à la milice provinciale l'usage de ses armes, à moins d'un ordre spécial du sénat. Ces armes devraient se trouver au pouvoir de l'autorité locale, constamment soutenue par la milice urbaine. Avec de semblables mesures on éviterait, autant que possible, les deux inconvéniens que nous venons de signaler.

INSTRUCTION PUBLIQUE.

La branche de l'instruction publique , tout
abandonnée à elle-même , exige la plus grande
attention, et surtout la protection d'un gouvernement libéral et éclairé. L'instruction est la principale source de toute prospérité nationale , et la
régulatrice des idées et des habitudes du peuple.
Comme l'esprit des lois doit toujours être en harmonie avec celui des idées et des mœurs de la
nation, le système législatif se promettrait en vain
un appui sûr et constant dans les sympathies populaires s'il n'était efficacement secondé par l'instruction publique. Ainsi donc les établissemens
d'instruction publique doivent, dans une nation
libre, être prodigués avec profusion S'il existe,
dans chaque province, une université et diverses
écoles secondaires, on facilitera l'instruction des
classes peu aisées, qui n'ont pas le moyen de l'acquérir loin de leur résidence. Mais cette même
abondance d'établissemens serait impuissante à
produire les résultats désirés si l'on continuait à
soumettre les étudians à une rétribution sous le
titre d'inscription ou tout autre; car on priverait

toujours ceux qui ont une fortune médiocre d'entreprendre et de suivre les études : d'un autre côté ils deviendraient attentatoires à la liberté individuelle si, en les déclarant gratuits (bien qu'alors ils fussent d'une grande utilité au progrès des lumières dans les classes obscures), ils pouvaient, de quelque manière que ce fût, porter obstacle au libre enseignement des professeurs particuliers. Un père qui connaît assez les talens d'un citoyen pour lui confier l'éducation de ses fils ne doit point être contrarié par les lois dans le système qu'il s'est tracé. En généralisant cette observation, et en mettant de côté quelques autres observations non moins puissantes, il deviendra évident que tout système exclusif d'instruction est absurde et tyrannique.

C'est dans un réglement sur l'enseignement qu'il convient de développer les détails et les conséquences des bases que nous avons posées.

DES LOIS.

Quoiqu'il appartienne à une loi spéciale d'établir le mode de la discussion et de l'adoption des lois, nous ne devons cependant pas passer sous silence quelques réflexions générales.

Il paraît d'abord nécessaire de donner à la proposition d'une loi toute la publicité possible, et de fixer un délai suffisant pour que la commission chargée de son examen ait le temps de recevoir et d'apprécier les observations et réclamations qui pourraient lui être adressées des différens points de la nation. Toutes les provinces étant intéressées au contenu d'une loi générale, elles doivent, autant que les choses le permettent, jouir du juste droit d'éclairer la question. Cela, il est vrai, entraînerait des retards dans l'adoption d'une loi; mais ces délais, qui ne doivent jamais tourner au préjudice des véritables intérêts du pays, cesseraient aussitôt que d'urgentes nécessités réclameraient les prompts effets d'une loi, ou que des circonstances critiques exigeraient la suspension des effets pernicieux d'une autre.

Dans aucune nation libre le prince ne devrait avoir la faculté de s'opposer à la volonté générale : ce ne serait donc pas au président de la république qu'il faudrait accorder la prérogative de refuser sa sanction à une loi, excepté seulement dans le cas où les votes du sénat seraient divisés de manière que sa volonté ne se trouverait pas expressément manifestée.

Comme une loi fondamentale doit prévoir tous

les cas possibles afin de chercher à les prévenir sans la triste nécessité de recourir à la force, et qu'une prévarication de la majorité du sénat, quoique bien peu probable, est cependant dans les limites du possible, la nation, si ce malheur se présentait, devrait avoir recours à l'exercice de sa souveraineté d'une manière régulière et légale. Une loi adoptée par la majorité des députés de la nation, ensuite par les deux tiers des assemblées provinciales, et confirmée une seconde fois par les états généraux, étant nécessairement l'expression de la volonté générale, qui ne doit rencontrer aucune opposition, doit être considérée comme un acte de souveraineté nationale.

PARTIE TRANSITOIRE.

Suivant les principes exposés, on serait obligé de laisser écouler quelque temps pour que la nation fût définitivement constituée; il est par conséquent nécessaire de suppléer à l'absence momentanée de certaines combinaisons au moyen de dispositions transitoires. Par exemple l'on a adopté par principe l'élection annuelle d'un député par

conseil électoral ; mais, comme chacun de ces
conseils doit avoir trois députés dans l'assemblée
provinciale, dont le renouvellement est fixé par
tiers chaque année, il faut nécessairement que
tous les trois soient élus ensemble dans la première élection ; leur remplacement devra dans la
suite s'opérer dans un ordre inverse à celui de leur
nomination, de manière à ce que le premier nommé d'après le dépouillement du scrutin le soit
pour trois ans ; le second, pour deux ; le troisième, pour une année seulement. Cette mesure
s'étendrait aussi jusqu'aux représentans qui for-
meraient le corps des états généraux.

Le sénat général et les sénats provinciaux doivent être aussi le produit des premières opérations des assemblées législatives ; mais, comme
les majorités de ces assemblées, étant le produit
d'une seule élection, pourraient l'être d'une cabale, et que les sénateurs créés par ces majorités pourraient devenir les instrumens d'un parti,
il paraît convenable d'exiger, contre la possibilité
de cet inconvénient, que les sénateurs élus dans
la première élection ne soient pas nommés à vie,
et qu'ils aient à exercer leurs fonctions seulement
jusqu'à un terme respectivement déterminé, où
ils seraient remplacés au moyen d'élections moins
sujettes à être entachées de pareils vices. On ob-
tiendra ce but, si, quant aux sénateurs de province,

le remplacement s'effectue par quart, en renvoyant la première partie de cette opération à la troisième année du régime nouveau, époque où l'assemblée provinciale se trouvera composée de députés produits par trois élections différentes ; et, par cela même, un tiers seulement de ces députés proviendra des élections des conseils électoraux, qui doivent sanctionner, par leur approbation, la nomination des sénateurs. Deux années devront s'écouler de l'une à l'autre élection afin que la majorité qui aura fait la première ne puisse influer sur la suivante.

Quant au remplacement du sénat général, il est essentiel d'attendre que les états généraux aient amplement à choisir sur les sénateurs de province nommés déjà à vie; par conséquent il serait opportun de l'effectuer en trois parties. Le premier tiers serait renouvelé aussitôt que la moitié des membres des sénats provinciaux auraient été élus à vie, c'est-à-dire après la cinquième année du nouveau régime. Les mêmes raisons engagent à retarder l'élection du second tiers jusqu'à la nomination définitive des sénateurs de province : elle n'aurait lieu qu'à la neuvième année. Un retard de trois ans de plus pour compléter définitivement le sénat général deviendrait encore indispensable afin d'empêcher que toute fraction des états généraux qui aurait contribué au remplace-

ment de ce second tiers ne pût contribuer en rien
à celui de la troisième partie.

Mais quelle sera la conséquence de ce système?
Il en adviendra que les sénats provinciaux pourront être considérés, dans leurs majorités, comme exempts de tout vice constitutif seulement la
septième année du régime constitutionnel ; il n'en
sera de même, pour le sénat général, qu'au bout
de dix ans. Comment, pendant ce provisoire, suppléer à cette imperfection? C'est l'unique difficulté
qui puisse contrarier l'exécution de ce projet : mais
la France et l'Angleterre ont bien su (depuis
combien de temps?) maintenir leur liberté avec
le contrepoids des chambres de pairs ou de
lords nommés par le roi, ou élevés par le hasard
de la naissance; et l'Espagne ou toute autre nation
ne saurait pas se soutenir dix ans avec l'appui de
sénats provisoires nommés par le peuple ! En
outre, durant cet intervalle, un pareil système ne
laisserait pas d'offrir plus de garanties de sécurité, d'ordre et de liberté qu'aucun de ceux
connus jusqu'à ce jour.

PROJET
DE CONSTITUTION.

DROIT PUBLIC.

1. Tous les citoyens sont libres, et égaux devant la loi. Ils sont aussi admissibles à tous les emplois. Ils contribuent indistinctement, dans la proportion de leur fortune, aux charges de l'état.

2. Tous les citoyens ont droit de donner toute sorte de publicité à leurs idées et opinions; mais les lois protégeront l'honneur et la justification de l'innocent calomnié.

3. Chacun professe sa religion avec une égale liberté; seulement les suggestions et menées du prosélytisme seront défendues par la loi.

4. Toutes les propriétés sont inviolables; mais l'état peut en exiger le sacrifice pour cause d'intérêt public dûment constaté, avec une indemnité préalable.

FORME DU GOUVERNEMENT.

5. Le gouvernement est républicain fédératif.

6. Le pouvoir exécutif s'exerce par un président électif et par ses ministres sous l'approbation du sénat général.

7. Le pouvoir législatif s'exerce par la nation réunie en corps de représentans. Le sénat approuve ou rejette, hors le cas de souveraineté réelle prévu par la loi.

8. Chaque province a un sénat particulier, une assemblée législative, et un chef chargé de l'exécution des lois.

9. Les provinces se subdivisent en cinq arrondissemens, et chacun de ceux-ci en sept cantons; les arrondissemens, outre leurs autorités administratives, ont un comité électoral, dit *conseil électoral.*

ÉLECTIONS POPULAIRES.

ÉLECTIONS COMMUNALES.

10. Chaque année, à l'époque voulue par la loi, tous les citoyens propriétaires d'immeubles et les

non propriétaires payant la somme de cinquante francs d'impôts s'assemblent dans chaque commune pour élire un délégué électeur de canton et un délégué supplémentaire.

11. Le président de cette réunion communale est nommé par le conseil électoral d'arrondissement parmi les électeurs de la même commune. Pour élire les scrutateurs et les secrétaires on tire au sort parmi tous les citoyens électeurs au-dessous de quarante ans. Pour procéder à ce tirage au sort le président s'adjoint deux scrutateurs et un secrétaire provisoires.

12. Une commune de cinq cents à mille électeurs se divise en deux sections, et chacune d'elles est considérée, quant à l'élection, comme une commune. Les villes ayant un plus grand nombre d'électeurs forment autant de sections qu'elles ont de fois cinq cents électeurs. Les communes n'ayant pas deux cent cinquante électeurs ne peuvent pas d'elles seules procéder à l'élection; deux ou plusieurs communes formant réunion de deux cent cinquante à cinq cents électeurs ne sont considérées pour l'élection que comme une seule commune.

13. L'ordre canonique (1) est observé dans toutes les élections.

(1) Lorsque plusieurs candidats ont obtenu une majorité

14. Quant à l'élection du maire et des conseillers municipaux, on observe les mêmes formalités, ordre et dispositions, mais avec la différence que toute commune n'ayant pas cinq cents
électeurs fait directement cette élection, et que,
dans les communes de plusieurs sections électorales, chaque section élit un nombre égal d'électeurs délégués pour procéder concurremment à
l'élection du maire et du conseil municipal.

ÉLECTIONS DE CANTON.

15. Les électeurs de canton délégués par les
communes s'assemblent au chef-lieu de canton.

16. Une commission de trois individus nommés
par le conseil électoral fait l'examen des procès-
verbaux des élections communales, improuve
les élections atteintes d'illégalité, ordonne
une élection nouvelle, et installe les électeurs
légalement élus en assujettissant à son examen
tout cas de doute. Cette assemblée d'électeurs délégués prononce définitivement sur toute récla-

relative au premier tour de scrutin, toutes les voix, au
second tour, se portent sur les deux candidats qui en ont
obtenu le plus au premier. Voilà ce qu'en Espagne on ap-
pelle *ordre canonique.*

mation concernant les élections et réélections communales. Les président, vice-président et secrétaires de cette assemblée sont élus à la pluralité des voix dans sa première séance.

17. Cette assemblée élit un membre du conseil électoral d'arrondissement et son suppléant. Cette élection sera comme non avenue si les deux tiers des électeurs délégués n'y ont pas pris part.

18. Pour être membre du conseil électoral il faut être imposé pour la somme de soixante-quinze francs.

19. L'assemblée cantonnale ne sera dissoute que lorsque le conseil électoral aura fait l'élection du député de province. Elle s'assemblera de nouveau toutes les fois que ledit conseil électoral l'y invitera.

CONSEILS ÉLECTORAUX ET ÉLECTIONS DES DÉPUTÉS DE PROVINCE.

———

20. Les citoyens élus par les assemblées cantonnales composent le conseil électoral d'arrondissement.

21. Tout conseil électoral restera réuni jusqu'à ce que celui qui doit le remplacer soit installé. Dans les affaires ordinaires il suffit que trois membres prennent part à la discussion.

22. Sitôt que le conseil électoral sera installé, il

aura a élire un député et son suppléant pour as-
sister à l'assemblée législative de la province. Cette
élection ne doit tomber que sur des imposés à la
somme de cent vingt-cinq francs et au-dessus.

23. Les conseils électoraux proposent à l'assemblée représentative et au sénat toutes les
réformes et améliorations qu'ils croient possibles
sur toutes les branches d'administration; ils sont
censés en être les inspecteurs naturels; ils ont le
droit de statuer sur toute difficulté concernant la
validité des élections municipales et cantonales ;
enfin, en cas d'urgence, ils peuvent prendre des
mesures exécutives pour le soutien des lois, mais
en soumettant de suite ces mesures à l'approbation
de l'assemblée législative et du sénat.

ASSEMBLÉES LÉGISLATIVES ET ÉLECTION DES REPRÉSENTANS AUX ÉTATS GÉNÉRAUX.

24. Chaque assemblée législative se compose
de quinze députés : trois pour chaque arrondissement.

25. Ces députés sont nommés pour trois ans,
et de manière que l'assemblée soit renouvelée
chaque année par tiers.

26. Ces assemblées se réuniront deux fois par

5

an, en commençant leurs travaux le 1er février et le 1er septembre. Leurs sessions périodiques dureront au moins un mois chacune.

27. Les séances sont publiques ; mais, à la demande du président ou de trois députés, on se formera en comité secret.

28. Toute délibération à laquelle n'aura pas pris part la moitié plus un des députés sera comme non avenue.

29. Les président, vice-président et secrétaires sont élus par l'assemblée, et pour la durée d'une session périodique.

30. La première opération de l'assemblée, après son installation définitive du mois de février, est l'élection d'un représentant aux états généraux et de son suppléant : ceux-ci doivent être au moins éligibles pour la députation provinciale.

31. Lorsque l'assemblée terminera ses travaux législatifs, elle nommera une commission permanente de cinq députés, qui exerceront le pouvoir législatif en cas d'urgence, et convoqueront l'assemblée extraordinairement s'ils le croient convenable.

32. L'assemblée législative de province exercera avec le sénat ses pouvoirs législatifs sur tout ce qui ne pourra porter aucune atteinte aux intérêts et droits d'une autre province ; proposera aux

états généraux les lois et réformes convenables quant aux affaires qui ne se trouvent pas dans ses attributions : élira les représentans aux états et les sénateurs de province, et statuera comme jury sur toutes les procédures instruites par le sénat.

ÉTATS GÉNÉRAUX.

33. Les états généraux se composent de trois représentans élus par chaque province.

34. Les articles 25, 27, 28 et 29 sont applicables aux états généraux.

35. Ces états généraux s'assembleront deux fois par an : le 1er mars et le 1er octobre ; chacune de leurs sessions périodiques aura au moins deux mois de durée.

36. A la fin de chaque session périodique les états généraux nommeront une commission permanente de neuf membres et quatre suppléans. Cette commission prendra, en cas de besoin, toute mesure exécutive, et convoquera les états généraux à une session extraordinaire si elle le croit nécessaire.

37. Les états généraux se partagent en bureaux pour l'examen des affaires qui les concernent respectivement.

38. Leurs pouvoirs sont : discuter et adopter les projets de lois générales ; examiner et amender les lois adoptées par les assemblées de province, et les renvoyer au sénat général pour leur révision définitive ; statuer sur toutes les questions du budget, et accorder les impôts nécessaires ; connaître par commission, nommée au sort, comme jury, de toutes les procédures instruites par le sénat, excepté de celles dirigées contre le président de la république, qui seront jugées par un jury spécial. Enfin ils doivent nommer les sénateurs généraux et le président de la république.

39. Chaque représentant aux états généraux jouit d'une indemnité de deux mille cinq cents francs pour chaque session périodique.

DES SÉNATS.

ÉLECTION DE SÉNATEURS.

40. Toute élection de sénateur provincial est faite par l'assemblée provinciale une année après l'élection vacante.

41. Chaque député donne sur un même bulletin son vote à trois citoyens ; celui sur lequel se

fixent les deux tiers des votes est élu. Si aucun citoyen n'obtient ces deux tiers, l'ordre canonique sera suivi pour décider l'élection.

42. Toute élection de sénateur sera soumise à l'approbation des conseils électoraux de la province, et on lui donnera toute sorte de publicité. Elle ne sera valable que lorsqu'il n'y aura aucune opposition de la part desdits conseils; mais, si c'est seulement la minorité des conseils qui forme opposition, les états généraux pourront décider de la validité sans avoir besoin de recourir à une seconde élection.

43. Tout sénateur doit être âgé de trente ans.

44. Pour être élu sénateur général il faut être déjà sénateur provincial.

45. Les états généraux élisent les sénateurs généraux suivant les règles observées pour l'élection des sénateurs provinciaux.

46. L'élection d'un sénateur général ne sera valable que lorsqu'elle aura obtenu l'approbation au moins de quatre conseils électoraux de la province, de l'assemblée et du sénat provincial, et de la majorité des assemblées et sénats des autres provinces. En cas de réclamation le sénat général sera appelé à prononcer.

47. Les états généraux auront soin que toutes les provinces soient représentées autant que possible dans le sénat général.

SÉNATS PROVINCIAUX.

———

48. Chaque sénat de province est composé de douze sénateurs. Ils sont nommés à vie, et jouissent d'un traitement de dix mille francs par an.

49. C'est à la pluralité des voix que sont décernées, par le sénat, les fonctions de président, vice-président et secrétaire, et que toute commission est nommée.

50. Les pouvoirs du sénat de province sont de reviser (et même de rejeter une fois) toutes les lois et décisions de l'assemblée représentative ; d'instruire tous les procès contre les députés, les sénateurs et les membres électoraux qui doivent être soumis à la décision du jury législatif; de suspendre des fonctions publiques et même de remplacer par intérim tout employé ou autorité de la province; de présenter les candidats destinés aux premiers emplois des ordres administratif et judiciaire, et apostiller les présentations aux emplois subalternes; enfin de dicter les mesures exécutives qui, en cas d'urgence, seraient nécessaires pour l'exécution des lois et la sûreté de l'état.

51. Le sénat doit être toujours en permanence;

il doit se réunir en séance publique au moins une fois par semaine.

52. Toute délibération à laquelle n'auront pas pris part au moins la moitié plus un des sénateurs en activité est nulle de plein droit.

SÉNAT GÉNÉRAL.

53. Le sénat général se compose de trente sénateurs, nommés à vie, et jouissant du traitement de quinze mille francs.

54. C'est à la pluralité des voix que sont décernées les fonctions de vice-président et de secrétaires, et que toute commission est nommée.

55. Le sénat général est présidé par le président de la république.

56. Les articles 51 et 52 sont applicables aussi au sénat général.

57. Le sénat général a, en ce qui regarde toute la nation, les mêmes prérogatives que les sénats provinciaux ont respectivement pour leur province; il instruit, contre les hauts fonctionnaires ou les membres de toutes les branches du gouvernement central, sur toute prévention criminelle qui doit être soumise au jury des états généraux: il prononce sur toute demande en grâce, et même en dernier appel pour les causes civiles: il exa-

mine et rectifie les présentations des candidats à tous les emplois des provinces ; il présente lui-même pour les hauts emplois de ministres et conseillers d'état ; il intervient dans tout acte important du pouvoir exécutif, et dicte toute mesure provisoire et d'urgence lorsque cela est nécessaire pour l'exécution des lois et la sûreté de l'état.

POUVOIR EXÉCUTIF.

—

58. Le président de la république est élu par les états généraux parmi les membres du sénat général. Il l'est pour dix ans.

59. Pour être élu président il faut avoir exercé pendant trois ans les hautes fonctions de sénateur général.

60. Il est le chef du pouvoir exécutif : par conséquent il fait publier et exécuter les lois : commande les forces actives de la nation : fait tous les réglemens et ordonnances sous l'approbation du sénat ; nomme à tous les emplois conformément aux présentations approuvées par le sénat ; et, de concert avec le sénat, il déclare la guerre et fait les traités de paix, d'alliance et de commerce.

61. Toute élection de président de la république doit être précédée d'une loi qui fixera au futur élu le traitement annuel pour toute la durée des dix ans de sa présidence.

62. Le président de la république peut être réélu; mais, pour cela, il faut que les deux tiers des votes des états généraux soient en sa faveur.

63. Il est responsable en général de tous les actes du pouvoir exécutif; mais les états généraux ont seuls le droit de l'accuser.

64. Il y a un conseil de ministres, présidé par le président de la république, ou par le ministre délégué par lui.

65. Tout acte délivré par le président est contresigné par un ministre, qui en est spécialement responsable.

66. Tout citoyen ou corps peut accuser devant le sénat un des ministres d'attentat contre les lois, et peut même le traduire devant les tribunaux pour toute action civile.

67. Les ministres, lorsqu'ils demandent à faire quelque communication du gouvernement, doivent être entendus par les états généraux et par le sénat. Ils ont voix consultative dans ces deux assemblées; en outre ils doivent rendre compte des affaires quand ce compte leur est demandé.

68. Les ministres peuvent être représentans aux états généraux, mais non pas sénateurs; ils ont le traitement de sénateurs.

69. Le conseil d'état est divisé en sections : chaque section est attachée spécialement au conseil d'un ministre.

70. Lorsqu'il s'agit d'un projet de loi, d'une ordonnance explicative ou de tout autre acte important, les diverses sections se réunissent en conseil général, et celui-ci fournit au conseil des ministres les documens nécessaires.

ORDRE JUDICIAIRE.

71. Le sénat général, assisté du conseil de justice, est le tribunal suprême de la nation pour les causes civiles.

72. Tout juge est inamovible, hors le cas d'une condamnation criminelle ou correctionnelle encourue.

73. Nul ne peut être distrait, sous aucun prétexte, de ses juges naturels.

74. Dans chaque arrondissement il y a un tribunal de première instance, qui instruit tout procès; mais il ne juge que les questions civiles.

75. Dans les chefs-lieux de province il y a une cour de justice, qui juge en appel des jugemens des tribunaux de première instance.

76. Tout procès criminel ou correctionnel est soumis à la décision du jury.

77. Les jurés se réunissent chaque mois, soit dans les chefs-lieux de province pour les procès criminels, soit aux chefs-lieux d'arrondissemens pour les affaires correctionnelles; ils sont assistés

d'une commission de juges, qui font l'application
de la loi.

78. On ne peut pas interjeter appel des décisions des jurés; mais les sénats, suivant les cas,
peuvent admettre un recours en nullité, et, s'il y
a lieu, ordonnent la révision de l'affaire par d'autres juges et jurés.

79. Les procès militaires sont jugés par des
conseils de discipline; le sort décide du choix des
membres de ces conseils pour le jugement de
chaque procès.

80. Pour décider des affaires commerciales les
tribunaux de première instance sont assistés d'un
conseil de commerce.

81. Il y a une cour suprême de compétence :
elle décide des questions de compétence, des réglemens de juges, et en général de toute collision
ou question élevée entre les divers tribunaux.

82. Les formes des tribunaux, le cours de la
procédure ou instruction, ainsi que toutes les particularités non contenues dans cette loi fondamentale, seront déterminés par des lois secondaires.

ÉTAT MILITAIRE.

83. Tous les hommes de l'âge de dix-huit ans
jusqu'à cinquante ans propres à porter les armes
sont soumis au service militaire.

84. L'armée est divisée en trois classes : armée active, garde civique, et armée de réserve.

85. Pour fournir le contingent de l'armée active, tant de terre que de mer, on tirera au sort en y comprenant tout individu qui aura atteint sa vingtième année.

86. Pour commander l'armée active et la réserve mise en activité, stationnée dans les localités, il y a dans chaque province un général en chef, et dans les arrondissemens un commandant d'armes.

87. Lorsque les assemblées législatives sont réunies, aucune force active ne peut en approcher à la distance au moins de cinq lieues. Néanmoins est exceptée de cette disposition toute garnison indispensable de forteresse, ou toute autre force dont la présence serait déclarée préalablement nécessaire par la même assemblée législative.

88. La garde civique est composée de tous les électeurs qui n'ont pas atteint leur cinquantième année. Les officiers et sous-officiers sont élus à la pluralité des voix par les compagnies: les chefs et l'état-major sont élus par le corps d'officiers.

89. La garde civique est toujours armée; elle ne pourra être employée, en temps de paix, qu'au maintien de l'ordre et à la sûreté de ses foyers.

90. L'armée de réserve est composée de tous les individus propres au service, de dix-sept à

quarante ans, qui ne feraient partie ni de l'armée active ni de la garde civique. Les officiers de tous grades sont nommés par le gouvernement comme ceux de l'armée active.

91. Les armes de cette armée de réserve sont déposées dans les chefs-lieux d'arrondissemens respectifs, et au pouvoir de l'autorité locale. On ne pourra faire usage de ces armes que dans les cas où le sénat l'ordonnerait.

92. L'armée de réserve est organisée sur le même pied que l'armée active : une ou plusieurs communes concourent à former une compagnie, un bataillon ou une légion.

93. En cas de guerre le gouvernement peut mettre en activité non-seulement l'armée de réserve, mais aussi, en cas de besoin, la garde civique.

INSTRUCTION PUBLIQUE.

94. Dans chaque province est établie une université : des cours y sont ouverts non-seulement pour toutes les facultés de lettres et de sciences, mais encore pour tous les arts qui peuvent contribuer le plus aux progrès de l'agriculture, de l'industrie et du commerce.

Les professeurs de ces universités sont nommés comme tout autre employé inamovible, mais ne sont présentés que sur le résultat d'un concours public.

95. Tous les professeurs d'une université forment son conseil universitaire. Ce conseil tâchera de rectifier et améliorer les principes et systèmes d'enseignement, protégera l'établissement d'écoles primaires et subalternes de toutes classes, et en présentera les professeurs.

96. Malgré cette organisation universitaire, l'enseignement public est libre, sans que ni l'université ni ses subalternes aient aucune juridiction sur les établissemens qui en seront indépendans.

DES LOIS.

97. Une loi spéciale tracera la manière de procéder à la proposition, discussion et adoption ou abrogation de toute loi; mais, avant l'adoption ou abrogation, on consultera autant que possible les assemblées de province.

98. Le président de la république ne peut jamais refuser son assentiment à une loi: il peut seulement contribuer à son adoption ou à son rejet par son vote comme président du sénat.

99. Toute loi adoptée par la majorité des états généraux qui, étant rejetée par le sénat, serait ensuite demandée par les deux tiers des assemblées provinciales, et adoptée de nouveau, dans

la session suivante, par les états généraux, est réputée un acte de souveraineté nationale.

100. En cas d'urgence les états généraux et le sénat peuvent suspendre provisoirement les effets d'une loi.

101. Toute réforme de constitution doit suivre les mêmes formalités que la proposition de toute autre loi ; mais, pour son adoption, il faut les deux tiers des votes de tous les corps qui doivent y contribuer.

ARTICLE ADDITIONNEL.

102. Les traitemens des divers ordres d'employés et la classification des conditions d'éligibilité de ceux-ci dans les élections populaires, ainsi que toutes les autres particularités non expressément contenues dans cette constitution, seront déterminés par des lois secondaires.

ARTICLES TRANSITOIRES.

103. Chaque conseil électoral élira la première fois trois députés au lieu d'un. De même les assemblées législatives éliront chacune trois représentans.

104. Les renouvellemens successifs par tiers auront lieu dans l'ordre inverse de celui des élections respectives, c'est-à-dire que le dernier élu sortira le premier.

105. Chaque assemblée provinciale, dès qu'elle sera installée pour la première fois, élira douze sénateurs provisoires, divisés en quatre séries de trois sénateurs par série.

106. L'élection des sénateurs provinciaux à vie se fera aux époques ci-après, et dans l'ordre suivant : au bout de deux ans seront nommés trois sénateurs pour remplacer les sénateurs provisoires de la 4ᵉ série, et, de deux en deux ans, sera fait le remplacement successif des autres séries jusqu'à constitution définitive de tout le sénat.

107. Les états généraux, lorsqu'ils auront connaissance de la composition des assemblées et des sénats provisoires, feront l'élection de trente sénateurs généraux provisoires. Pourra être élu sénateur général provisoire tout sénateur de province, député ou représentant. Cette élection se fera en trois séries.

108. L'élection des sénateurs généraux à vie se fera aux époques ci-après fixées, et dans l'ordre suivant : au bout de cinq ans seront remplacés les élus de la 3ᵉ série ; après quatre ans de plus le seront ceux de la seconde série, et, au bout de trois ans du remplacement de cette 2ᵉ série, sera constitué définitivement le sénat général à vie.

FIN.

www.ingramcontent.com/pod-product-compliance
Lightning Source LLC
Chambersburg PA
CBHW070903280326
41934CB00008B/1570